NOUVEL ALPHABET
DES ENFANTS.

AUTUN

LOUIS DUPLOYER, IMPRIMEUR-LIBRAIRE.

1858

NOUVEL
ALPHABET
DES ENFANTS,

Contenant les exercices d'épellation
et de lecture, divisés par syllabes, suivis de phrases faciles
et des prières

A L'USAGE DES ÉCOLES CHÉTIENNES.

(PROPRIÉTÉ.)

AUTUN

LOUIS DUPLOYER, IMPRIMEUR-LIBRAIRE.

MAJUSCULES.

A B C D E F
G H I J K L M
N O P Q R S T
U V X Y Z.

MINUSCULES.

A a b c d e f g
h i j k l m n o p q
r s t u v x y z.

(4)

VOYELLES.

a e é è i o u y

CONSONNES.

b c d f g h j k l m
n p q r s t v w x z

CHIFFRES.

1 2 3 4 5

un deux trois quatre cinq

6 7 8 9 0

six sept huit neuf zéro

SYLLABES DE DEUX LETTRES.

Une Consonne et une Voyelle.

ba	be	bi	bo	bu
ca	ce	ci	co	cu
da	de	di	do	du
fa	fe	fi	fo	fu
ga	ge	gi	go	gu
ha	he	hi	ho	hu
ja	je	ji	jo	ju
ka	ke	ki	ko	ku

la	le	li	lo	lu
ma	me	mi	mo	mu
na	ne	ni	no	nu
pa	pe	pi	po	pu
ra	re	ri	ro	ru
sa	se	si	so	su
ta	te	ti	to	tu
va	ve	vi	vo	vu
xa	xe	xi	xo	xu
za	ze	zi	zo	zu

(7)

Une Voyelle et une Consonne.

ab	eb	ib	ob	ub
ac	ec	ic	oc	uc
ad	ed	id	od	ud
af	ef	if	of	uf
ag	eg	ig	og	ug
ah	eh	ih	oh	uh
aj	ej	ij	oj	uj
ak	ek	ik	ok	uk
al	el	il	ol	ul

am	em	im	om	um
ap	ep	ip	op	up
ar	er	ir	or	ur
as	es	is	os	us
at	et	it	ot	ut
av	ev	iv	ov	uv
ip	ac	ur	ib	od
al	eg	ic	or	ud
ax	ex	ix	ox	ux
za	ez	iz	oz	uz

(9)

SYLLABES DE TROIS LETTRES.

bla	ble	bli	blo	blu
bra	bre	bre	bri	bro
cha	che	chi	cho	chu
cla	cle	cli	clo	clu
cra	cre	cri	cro	cru
dra	dre	dri	dro	dru
fla	fle	fli	flo	flu
fra	fre	fri	fro	fru
gla	gle	gli	glo	glu
gna	gne	gni	gno	gnu
gra	gre	gri	gro	gru
pla	ple	pli	plo	pld
spa	spe	spi	spo	uus

(10)
2ᵉ EXERCICE.

bar	ber	bir	bor	bur
car	cer	cir	cor	cur
dar	der	dir	dor	dur
far	fer	fir	for	fur
gar	ger	gir	gor	gur
jar	jer	jir	jor	jur
kar	ker	kir	kor	kur
lar	ler	lir	lor	lur
mar	mer	mir	mor	mur
nar	ner	nir	nor	nur
par	per	pir	por	pur
sar	ser	sir	sor	sur
tar	ter	tir	tor	tur
var	ver	vir	vor	vur

MOTS D'UNE SYLLABE.

air arc bas blé bien
bon beau bras bleu brin
chat cerf chien corps chair
chou cour coq cœur cuir
clou chant cri chaud cor
doux droit Dieu doigt eau
faim fer feu froid fils fin
fruit fleur fort gai grain
gros grand hier joie jour
jeu juin loup lit lieu lait
lac lard lui mal main mât
miel mets mars mai mer

mois nez neuf nid noir or
ours plomb pain pluie prix
parc pied port pleurs pont
rat roue rue riz roi sou
soir soif sœur sec sel soin
toit trou temps tort tard
vie veau vent vert vif vue
vain vin veuf vis vœu voir
vol vous nous vrai yeux

MOTS DE DEUX SYLLABES.

a-mi ca-ve cu-ré cu-ve é-pi
é-té ju-pe la-me li-me lu-ne
ma-ri mè-re mi-ne mo-de

sa-li pa-pa pè-re pi-pe u-ni
ra-de râ-pe râ-le ri-ve â-ne
ro-be ra-me so-fa u-ni zè-le

2ᵉ EXERCICE.

ar-deur ar-bre ai-gle as-tre
ar-mée bâ-ton bon-té fou-le
bran-che ber-ger ba-teau
bou-cher che-veu chan-son
ca-dran chat-te ca-nif fio-le
ca-non che-min toi-le ti-gre
chaî-ne ca-deau cham-bre
cou-sin châ-teau dra-gon
dou-leur de-main es-poir
en-fant es-prit fou-le ri-me

frè-re fem-me fa-çon gloi-re
gom-me gui-de hon-neur
hom-me jou-jou jeu-di jar-
din le-çon li-vre lam-pe
mar-bre man-teau ma-man
mon-de maî-tre mou-che
mon-tre nei-ge on-cle oi-
seau pou-le pas-teur poi-re
pau-vre prin-temps pa-rent
ques-tion rai-sin ru-ban
rou-te sa-lon sil-lon sol-de
sou-ris san-té souf-fle, Seigneur sol-dat ti-gre tour-te
ver-tu ven-te vi-lain vi-gne
———

PHRASES FACILES.

Un bon gâ-teau. U-ne bel-le tou-pie. U-ne ro-be bleue. Un chien fi-dè-le. Un jo-li li-vre. Un pois-son rou-ge. U-ne poi-re mû-re. Un pot de crê-me. Le liè-vre ti-mi-de. Un cha-peau neuf. U-ne plu-me de fer. Un œuf dur. La pou-le pond. Le mi-el est doux. Un é-pi de blé. Le che-val frin-gant. Du pain blanc. Ma ten-dre mè-re. Le mou-ton blanc.

2ᵉ EXERCICE.

U-ne bel-le boî-te ro-se. U-ne cas-quet-te noi-re. U-ne plu-me d'oie. Du lait chaud. L'â-ne est pa-tient. La nei-ge est blan-che. La main droi-te. Ma bel-le pou-pée. Paul est grand. Mon oi-seau est mort. Don-nez moi un li-vre. Un beau jour. Un bon gar-çon. Un jeu a-mu-sant. Un mou-lin à vent. Voi-là ma mai-son. Al-lons nous pro-me-ner. Li-sez plus dou-ce-ment. J'ai un li-vre. Voi-là la nuit. Al-lons jou-er sur la pro-me-na-de.

3ᵉ EXERCICE.

J'ai bu un bol de lait tout chaud. On fait le cuir de la peau du bœuf. Ne fais pas peur au chat a-vec ton fouet. Dieu voit ce qui se pas-se dans ton â-me. Un en-fant bien sa-ge se-ra l'a-mi de tout le mon-de. Lors-qu'il ton-ne ne re-gar-dez pas les é-clairs, ils pour-raient vous fai-re per-dre la vue.

4ᵉ EXERCICE.

Re-gar-dez : voi-là u-ne pou-le et ses pous-sins, vo-yez com-me ils cou-rent tous à cô-té d'el-le. El-le grat-te la ter-re pour leur trou-ver à man-ger, et si-tôt qu'el-le a dé-cou-vert un grain ou un ver, el-le les a-pel-le et le leur don-ne ; c'est u-ne bon-ne mè-re.

―――

L'an-née se com-po-se de qua-tre sai-sons ou de dou-ze mois.

Les sai-sons sont :
Le prin-temps, l'é-té, l'au-tom-ne et l'hi-ver.
Les dou-ze mois sont :
Jan-vier, fé-vrier, mars, a-vril, mai, juin, juil-let, a-oût, sep-tem-bre, oc-to-bre, no-vem-bre, dé-cem-bre.
Cha-que mois se com-po-se de qua-tre se-mai-nes.
Dans la se-mai-ne il y a sept jours, qui sont :
Lun-di, mar-di, mer-cre-di, jeu-di, ven-dre-di, sa-me-di, et di-man-che.

CRIS DES ANIMAUX.

Le chien a-boie. Le che-val hen-nit. L'â-ne brait. Le tau-reau mu-git. Le mou-ton bê-le. Le loup hur-le. La gre-nouil-le co-as-se. Le paon crie. La pou-le glous-se. Le pour-ceau gro-gne. Le coq chan-te. Le chat mi-au-le. La va-che beu-gle. Le lion ru-git. Le re-nard gla-pit. Le pi-geon rou-cou-le. Le ser-pent sif-fle. Le cor-beau cro-as-se.

PRIERES.

Au nom du Père, et du Fils, et du Saint-Esprit. Ainsi soit-il.

Oraison Dominicale.

Notre Père, qui êtes aux Cieux, que votre nom soit sanctifié; que votre règne arrive; que votre volonté soit faite sur la terre comme au Ciel : donnez-nous aujourd'hui notre pain de cha-que jour; pardonnez-nous nos offenses, comme nous pardonnons à ceux qui nous ont offensés; et ne nous laissez pas succomber à la tentation; mais délivrez nous du mal. Ainsi-soit-il.

Salutation Angélique.

Je vous salue, Marie, pleine de grâce, le Seigneur est avec vous : vous êtes bénie entre toutes les femmes, et Jésus le fruit de vos entrailles est bé-ni.

Sainte Marie, Mère de Dieu, priez pour nous, pauvres pécheurs, maintenant et à l'heure de notre mort. Ainsi soit-il.

Symbole des Apôtres.

Je crois en Dieu le Père Tout-Puissant, Créateur du Ciel et de la terre; et en Jésus-Christ son Fils unique Notre Seigneur, qui a été conçu du Saint-Esprit, est né de la Vierge Marie a souffert sous Ponce-Pilate, a été crucifié, est mort, a été enseveli; est descendu aux enfers, le troisième jour est ressuscité des morts, est monté aux Cieux, est assis à la droite de Dieu le Père Tout-Puissant, d'où il viendra juger les vivants et les morts.

Je crois au Saint-Esprit, la sain-te Eglise Catholique, la communion des Saints, la rémission des péchés, la résurrection de la chair, la vie éternelle. Ainsi soit-il.

Confession des péchés.

Je confesse à Dieu Tout-Puissant, à la bienheureuse Marie toujours Vierge, à saint Michel Archange, à saint Jean-Baptiste, aux Apôtres saint Pierre et saint Paul, à tous les Saints, et à vous mon Père, que j'ai beaucoup péché par pensées, par paroles, et par actions : c'est ma faute, c'est ma faute, c'est ma très grande faute. C'est pourquoi je prie la bienheureuse Marie toujours Vierge, saint Michel Archange, saint Jean-Baptiste, les Apôtres saint Pierre et saint Paul, tous les Saints, et vous mon Père de prier pour moi le Seigneur notre Dieu.

Que le Dieu Tout-Puissant nous fasse miséricorde, et qu'après nous avoir pardonné nos péchés, il nous conduise à la vie éternelle. Ain-si-soit-il.

Que le Seigneur Tout-Puissant et tout miséricordieux nous accorde le pardon, l'absolution et la rémission de nos péchés.
Ainsi soit-il.

LES COMMANDEMENTS DE DIEU.

1. Un seul Dieu tu adoreras,
   Et aimeras parfaitement.
2. Dieu en vain tu ne jureras,
   Ni autre chose pareillement.
3. Les dimanches tu garderas,

En servant Dieu dévotement.

4. Tes père et mère honoreras,
Afin de vivre longuement.

5 Homicide point ne seras,
De fait ni volontairement.

6. Luxurieux point ne seras,
De corps ni de consentement.

7. Le bien d'autrui tu ne prendras,
Ni retiendras à ton escient.

8. Faux témoignage ne diras

Ni mentiras aucunement.
9. L'œuvre de chair ne désireras,
   Qu'en mariage seulement.
10. Biens d'autrui ne convoiteras,
    Pour les avoir injustement.

Les Commandements de l'Église.

1. Les Fêtes tu sanctifieras,
   Qui te sont de commandement.
2. Les dimanches, Messe ouïras,
   Et les Fêtes pareillement.

3. Tout tes péchés confesseras,
   A tout le moins une fois l'an.
4. Ton Créateur tu recevras,
   Au moins à Pâques humblement.
5. Quatre-temps, Vigiles, jeûneras,
   Et le Carême entièrement.
6. Vendredi chair ne mangeras,
   Ni le samedi mêmement.

Angélus.

L'ange du Seigneur a annoncé à Marie qu'elle serait la mère du Sauveur, et elle a conçu par l'opération du Saint-Esprit.

Je vous salue, Marie.

Voici la servante du Seigneur : qu'il me soit fait selon votre parole.

Je vous salue, Marie.

Et le Verbe s'est fait chair, et il a habité parmi nous.

Je vous salue, Marie.

www.ingramcontent.com/pod-product-compliance
Lightning Source LLC
Chambersburg PA
CBHW060914050426
42453CB00010B/1717